タイムマネジメント

中村　英泰 著

職業訓練法人H＆A

◇ 発行にあたって

　当法人では、人材育成に係る教材開発を手掛けており、本書は愛知県刈谷市にありますARMS株式会社（ARMS研修センター）の新入社員研修を進行する上で使用するテキストとして編集いたしました。

　ARMS研修センターの新入社員研修の教育プログラムでは、営業コースをはじめ、オフィスビジネスコース、機械加工コース、プレス溶接加工コース、樹脂加工コースなど全18種類の豊富なコースを提供しております。また、昨今の新型コロナウイルス感染拡大を受け、Zoom※でのネット受講でも使用できるように、できる限りわかりやすくまとめましたが、対面授業で使用するテキストを想定しているため、内容に不備があることもございます。その点、ご理解をいただければと思います。

　本書では新入社員研修の内容をご理解いただき、日本の将来を背負う新入社員の教育に役立てていただければ幸いです。

　最後に、本書の刊行に際して、ご多忙にもかかわらずご協力をいただいたご執筆者の方々に心から御礼申し上げます。

2021年3月
職業訓練法人　H&A

※Zoom は、パソコンやスマートフォンを使って、セミナーやミーティングをオンラインで開催する
　ために開発されたアプリです。

◇ 目次

第5章　デッドラインを絶対に守る

第 1 章

時間の大切さを知る
― Time is Money ―

01 時間は全活動の「基本」

1. 時間を資源と捉える

■ 初めに

　タイムマネジメントとは、「時間の使い方の改善により、業務効率や生産性を向上させることを目的としたビジネススキルの一種」であり、古くからある考え方です。第1次産業革命以降、多くの企業が"1時間当たりの生産性をいかにして高めるか"について、しのぎを削ってきました。

　戦争においても、一定期間内に1隻でも多くの戦艦、1機でも多くの戦闘機、1台でも多くの戦車を製造して戦場に送り出した方が戦況を有利にできたことを考えても、タイムマネジメントがどのような歴史を背景に磨かれてきたのか、理解が進むと思います。

　時は変わり現在、サプライチェーンがグローバル化し、部材の調達だけで企業が工夫を凝らし競合他社と差をつけて勝ち残ることは難しくなっています。一例として、かつては日本のお家芸と言われた白物家電において、部品や設計に工夫を凝らして世間をアッと言わせる製品を開発しても、翌年には同様の部品を用いた製品を他社が人件費を抑え、低価格で市場へ送り込んでくるのが当たり前になっています。そのことが、一層企業をタイムマネジメントへ向かわせる要因になっているのです。

　生産において世界を制した日本の自動車産業は、数多くの工夫やアイデアを世に送り出してきました。中でも他を圧倒しているのがタイムマネジメントです。生産現場のそれは、他の追随を許すことなく大差をつけています。部品のように、翌年には…と言うことなく、そうそうマネできることではないため、長らく世界の自動車業界のトップに君臨し続けられています。

　これは一例ですが、タイムマネジメントの必要性と重要性は確認できたことと思います。

　タイムマネジメントは、こうして長い歴史をかけて企業の生産の中核に置かれるようになったわけです。そしてさらに、2019年4月1日より施行された働き方改革関連法です。（中小企業は2020年4月1日より施行）この法律により、これまでの「働きたいだけ働いて良かった」ことから、「残業時間の上限など」が設定され「働ける時間が制限される」こととなったわけです。

　これによって、「一定の時間内で生産性を高める」ことが企業命題であることが、よりはっきりしたわけです。当然のことながら、こうした流れを受けて私達自身が考え方を切り換えて「時間は有限資源である」ことを念頭に置かなければなりません。

　皆さんの日常で、

- ・最初から無理なスケジュールを立てている
- ・頼まれたことから順に取り組んでいる
- ・職務ごとに個人の期限を設定せず、全体の期限で進めている
- ・資料は必要な時に、即座に取り出せる状態にない
- ・仕事の修正や、やり直しが多い

こうした現状はありませんか

　こうした状況で「頑張る」といった根性論を基に、歯を食いしばって取り組んでも、抜本的な解決には至らず、時に形を変えたりしながら何度でも繰り返し同じ状況が発生します。まさに、タイムマネジメントが必要です。

　当書籍を読むことで、タイムマネジメントの重要性や、もたらされる価値、実践に向けて欠かせないポイントや、取り組みにおける欠かせないポイント、タイムマネジメントの本質からデッドラインまでが確認できるようになっています。

　さぁ、まずは「時間を資源と捉える」ことからタイムマネジメントを始めていきましょう。

■ 時間とは何か？

　諸説ありますが、地球上には、175万種もの生物が生きていると言われています。その中には、体内時計を持ち合わせている動物もいるようです。ただ、それは習慣にしているに過ぎず "時間を管理している" とまでは言えないようです。

　一方で人間だけが、時を知り、正確に測り、自らの生活にリズムを持ち、管理することができます。

　考えてみると時間は様々です。

　　　早く過ぎる時間・・・ゆっくり過ぎる時間
　　　楽しい時間　　・・・退屈な時間
　　　自分の時間　　・・・仕事の時間
　　　意味のある時間・・・意味のない時間
　　　　　　　　　　　　　　　　　など

何が違うのでしょうか？

　また、少し大きな話になりますが、「時間を過ごした結果＝人生」において、大きな成果を出すことができる人もいれば、限られた成果で終える人も、何も成さない人もいます。その違いは何でしょうか？

　そうした違いは、場面や状況、周囲の環境といった外的要因ではなく、自分自身が「自分の時間をオーナーとしてコントロールすること」によって決まります。オーナーという意識を持てば、時間の過ごし方や、考え方・捉え方において"自分の時間を管理"できるようになり理想とする成果を出すことも可能になります。

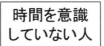

自分の時間をオーナーとして意識下に置くことで、初めて時間をコントロールできるようになる。

図1：時間の意識

　また時間は有限資源で、子供から大人、新入社員から会社を代表する社長まで誰しもが等しく1日24時間のサイクルで生きています。そして、その時間内で活動し、それを重ねて人生としています。こうしている間にも時間は過ぎているのです。

　地球上の175万種もの動物の中には、体内時計を持ち合わせている動物もいるようです。ただ、正確に"時間を管理している"のは人間だけです。時間が有限資源であることを知り、「自分の時間の使い方を自分事に考え主体的にコントロールする＝タイムマネジメント」することが大切です。

２．時間の使い方

　有限な資源である時間を使って、行ったことに対して「評価を得たい/認められたい」と思うのは人間固有の特性で、それ自体は普通のことです。これを否定する人は、極端な例ですが「生きていても仕方ない」「頑張っても仕方ない」「どうせ何をやっても変わらない」と自暴的発想の持ち主である可能性があります。

人は元来、自分の時間を他者にとって有益な場面に使うことで関係を築いてきました。

例えば、
　　ありがとうございました。・・・「時間を使ってくれてありがとうございました。」
　　お願いします。　　　　　・・・「時間を使って頂くことをお願いします。」
　　助かりました。　　　　　・・・「時間を使って頂いたことで助かりました。」
　　申し訳ございません。　　・・・「時間を使わせてしまい申し訳ございません。」
と読み替えられます。

何のために？何を得るのか？を考えることで、時間の使い方の方向性が見えてきます。

ここで、時間が有限資源だということはつまり、人が生涯においてできることも有限だということを改めて知っておくことは大切です。もう少し具体化すると、仮に84歳まで生きると生涯に与えられた持ち時間は735,840h（図2）です。ここから、既に消化した時間（自身の年齢を基に算出）、生きる上で欠かせない基礎生活時間（睡眠、入浴、食事等、自由に使えない時間）を引くことで、有限資源の枠が見えてきます。

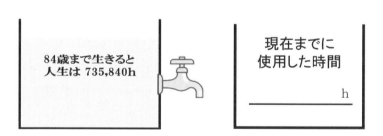

図2：有限資源の時間のイメージ

今の年齢を基に、現在までに使用した時間が何時間なのか計算して書き込んでみて下さい。多くの時間を使って得たものは何でしょう。これまでの時間の使い方は主体的だったか、についても振り返ってみて下さい。
あなた自身が有限資源である時間を活用した行動は、次に示すように「自分よがりな行動」「相手との関係を築く行動」の2つに分かれます。まず、理想はどちらになるのか選択して下さい。同時に、それぞれにおける具体的な行動も考えてみて下さい。

①自分よがりな行動｜相手から評価が得られない/認められない
　　具体的な行動：＿＿＿＿＿＿＿＿＿＿＿＿＿＿＿＿＿＿＿＿＿＿＿＿
②相手と関係を築く行動｜相手から評価が得られる/認められる
　　具体的な行動：＿＿＿＿＿＿＿＿＿＿＿＿＿＿＿＿＿＿＿＿＿＿＿＿

ここがポイント!!

　時間を計測可能な量に置き換えてみると、時間が有限資源であることがより明確になり、その活用について考えられるようになります。同時に、これまで自身が費やしてきた時間とその成果を考えてみることで、時間に対して主体的に活用することの重要性が理解できると思います。さらに、時間を使って何ができるのか、その結果は何に影響するのかにまで目を向けることで、日々の行動の選択ができるようになっていきます。

3．何をしてきたのか？何ができるのか？

　先にもお伝えしたように、時間が有限資源であることを理解した上で「自分の時間を主体的にコントロールする＝タイム・オーナーシップ」が重要です。それが、他者から評価を得られたり、承認されたりする結果に繋がります。これは皆さん自身が行動を選択した成果、言わば"評定結果"です。そして、これから社会人として 5 年、10 年、15 年、20 年と時間を重ねるほどに、確実に大きな差を生むことになります。

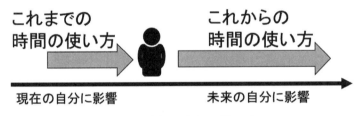

図3：将来の時間の使い方

　こうして「時間を大切に使う」という習慣を社会人として若いうちに身につけておくことが、一層重要視されるようになっています。その背景には"人生 100 年時代"に象徴されるように社会に属して働く期間が相対的に延びていることから、人生を通じて評価されることが、「短期間で表層的に身につけられるスキルよりも、その人自身の根底にある人間性へと移ったこと」が大きく関係していることがあげられます。

　そうした状況を踏まえ、「Time is Money」は「Time is Life」という表現へと移行しています。社会に属して活躍し続ける期間が長くなることで、時間の使い方はお金を得るためだけではなく、人生をつくりあげる上でも欠かせなくなったということです。

　では、仮にあなたの 10 年後が次の 2 つの結果の何れかだとしたら、どちらが理想的ですか？理由も考えてみましょう。

① 仕事ができないため職場に居場所がない、自信が持てない自分に嫌気が差す。

　　なぜそう思う？理由：＿＿＿＿＿＿＿＿＿＿＿＿＿＿＿＿＿＿＿＿＿＿＿＿＿

②期待され任される場面が多く、多くの同僚から声を掛けられ自信があり、楽しい。

　　なぜそう思う？理由：＿＿＿＿＿＿＿＿＿＿＿＿＿＿＿＿＿＿＿＿＿＿＿＿＿

　今、取り組んでいることは、将来の自分にとって「何をしてきたのか？」＝経験、「何ができるのか？」＝能力、にすることができます。そして経験・能力は自分に対する付加価値となるのです。

> 　「自分の時間を主体的にコントロールする＝"タイム・オーナーシップ"」を重要視する声が増えてきています。その背景には、日々の生活そして仕事においてデジタル化が進み、現代人が1日に触れる情報量は、江戸時代の1年分ともいわれ、情報量の多さからストレスを感じやすい日常になっていることが考えられます。目的に沿って、自ら時間の使い方を決めて仕事に集中することが人生の質（クオリティ・オブ・ライフ）を高めることに繋がるのです。

02 付加価値とは何か？

1. 目指す自分像

　あなたには目指す自分像がありますか？全活動の「基本」となる時間の使い方次第で、手に入れることができる将来も、そもそも絵に描いた餅のように最初から手が届かない将来もあると思います。「どんな自分になるか？」も時間の使い方が全てです。

　例えば、
　・いつもギリギリで、余裕を持って課題を提出できたことがない
　・テスト勉強は前日詰込み型、結果は平均点を下回る
　・環境を変えるため部屋を片付けても1カ月後には元の状態
　これは目指す自分像でしょうか？

　この背景には「意思の弱い自分がいるから」でしょうか？ いいえ、ここで重要なのは、"気合や、決意、勢い、頑張り、努力"が問題ではないということを、まずはしっかりと理解することです。では、何が問題なのでしょう？答えは、"あなた自身のやり方"なのです。

　どういうことでしょうか？もう少し詳しくお伝えすると、それは「タイム・オーナーシップに基づいてスケジュールの見える化」がされていないからです。人間も動物なので、もともと時間を管理することは苦手です。そのため、記憶や感覚、イメージ頼りにことを始めると先の例示のように良い結果を伴うことはなかなかありません。恐らく、社会人になっても、これまで同様スケジュールの最適化を行わないまま職務に取り掛かると、ミスが連発し「自分の意思が弱いから」と短絡的な自己責任で結論づけて一生を棒に振ってしまうコースを進んでしまいます（図4-A）。

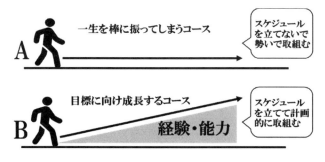

図4：スケジュールを立てて進むイメージ

　その一方で、スケジュールの最適化を行い、職務に取り掛かることで"ミスに対してもリカバー"を行い、他者から信頼に繋がる評定結果を得られ、自信を持って「目標に向け成長するコース」を進んで行くことができるようになります。(図4-B)

　ここで図4のAとBを分けるのは、スケジュールを立てることです。では、「スケジュールを立てる/最適化＝スケジューリング」とは何でしょう。

　最初に、スケジューリングとは「頭の中にある予定を見える化したもの」です。では、実際どのように行うのでしょう？実は、やるべきことはシンプルで次の3つです。

① 　スケジュールを立てることの必要性を認識する。
　　「覚えることには限界がある、人間は時間の管理が苦手である」ことを認識する。
② 　スケジュール帳を手にする。(スケジューラーでも可能)
　　自分に合った1冊を手にする。手帳には、時間軸で管理する・1日で管理する・週で管理する・月で管理するなどの種類がありその人の生活スタイルや目的に応じて選ぶ必要があります。
③ 　スケジュールの立て方と記録の手法を覚える。
　　立てたスケジュールを闇雲に書き込んでいると、オーバーブッキングやダブルブッキングとなり、予期せぬ問題に繋がる可能性があります。目的はスケジュールの整理とその後の行動を効率化することです。自分に合った記録の手法を覚えていきましょう。

日	月	火	水	木	金	土
1	2	3	4	5	6	7
8	9	10	11	12	13	14
15	16	17	18	19	20	21
22	23	24	25	26	27	28
29	30	31				

1カ月表示

日 1	0 2 4 6 8 10 12 14 16 18 20 22 24
月 2	0 2 4 6 8 10 12 14 16 18 20 22 24
火 3	0 2 4 6 8 10 12 14 16 18 20 22 24
水 4	0 2 4 6 8 10 12 14 16 18 20 22 24
木 5	0 2 4 6 8 10 12 14 16 18 20 22 24
金 6	0 2 4 6 8 10 12 14 16 18 20 22 24
土 7	0 2 4 6 8 10 12 14 16 18 20 22 24

1週間表示

図5：スケジュール帳の一例

　こうして、並べてみるとシンプルですが、上記3点によって"見える化"することで時間の使い方が主体的になり、意識が"タイム・オーナーシップ"へと変わっていきます。結果として、職務の成果は劇的に変わります。

　「自分の時間を主体的にコントロールする＝"タイム・オーナーシップ"」も具体的な取り組みを始めなければ"声かけ倒れ"となり、闇雲に時間を消費するだけになってしまいます。タイム・オーナーシップに向けた第一歩がスケジュールを立てることなのです。また、「時間という有限資源を使って、人生をどう生きるのか」「どんな自分になるか？」もタイム・オーナーシップが全て基本なのです。それはスケジューリングから始まります。

２．価値ある行動とは何か

　「タイム・オーナーシップに基づいてスケジュールの見える化」の具体的な展開は第2章以降で行います。その前に1つ、行動について確認していきましょう。タイトルにもある価値のある行動についてです。まずは、「価値のある行動」があるということは、他方「価値のない行動」もあるということです。次の語群から、価値ある行動を選んで○で囲んでみて下さい。

①相談せず自己解決する	④納期を知らずに取り掛かる	⑦時間の約束ができない
②沢山の仕事を抱えパンク	⑤途中経過の報告を行わない	⑧仕事の品質基準が判らない
③途中で止めてしまう	⑥言い訳が多く責任逃れする	⑨仕事に優先順位をつけない

　いかがでしたか？○で囲むことのできなかった「価値のない行動」を敢えて列挙したように感じられたかもしれませんが、これらは毎年新入社員を受け入れている会社へのヒアリングの結果、最も多く聞かれた「新入社員に改善してほしいこと」なのです。この背景にある新入社員が意図的に「価値のない行動」をしているということではありません。恐らく「価値ある行動」が何か判らず行動しているということなのでしょう。それでは、これらを価値ある行動に変換してみて下さい。

①	④	⑦
②	⑤	⑧
③	⑥	⑨

　価値ある行動とは、つまり「時間という資源を使って、人生をどう生きるのか」ということ

です。自分のためではなく会社の同僚や先輩、上司、他部署で働く多くの仲間のことを考えた行動が"評定結果"に繋がり、皆さん自身を目指す自分像へ導く「目標に向け成長するコース」（図 4-B）を進ませることになります。これは、自身に対する付加価値となる経験・能力を身につけることにも繋がります。

ここがポイント!!

　スケジュールの見える化は、スケジューリングと呼ばれます。その方法は古くからの手帳や最近ではテクノロジーを用いたスケジューラー（※インターネットで検索してみて下さい。いろいろなスケジューラーが検索されます。）があります。大切なことは、まず予定の重複や過密を避けるための自己管理。続いて一緒に仕事をする仲間と「自分が何をしている（しようとしている）」かの共有です。

MEMO

03　セルフチェック

第1章　セルフチェック

☐　自分の時間をオーナーとしてコントロールすることで成果に違いが出る。

☐　時間は有限資源で、誰もが等しく1日24時間のサイクルで生きている。

☐　人は元来、自分の時間を他者にとって有益な場面に使うことで関係を築いてきた。

☐　タイム・オーナーシップの考え方が重要である。

☐　時間を「大切に使える」習慣を社会人として若いうちに身につけておくことが重要。

☐　「Time is Money」は「Time is Life」と言う表現へと移行している。

☐　「どんな自分になるか？」も時間の使い方が全て影響している。

☐　スケジュールの見える化は重要である。

☐　価値ある行動とは、「時間という有限資源を使って、人生をどう生きるのか」ということ。

☐　自身に対する付加価値とは時間を使って経験・能力を身につけること。

第 2 章

時間の無駄をなくして 生産性を上げる

---

01 なぜ、いつもギリギリなのか？

1．時間には種類があります。

　　既に、第1章で確認したように「時間を資源と捉える」ことで時間の重要性に目を向けることができるようになります。そして時間には①早く過ぎる時間とゆっくり過ぎる時間、②楽しい時間と退屈な時間、③自分時間と仕事時間、④意味のある時間と意味のない時間などに別けられることも確認しました（P9）。①②④については単に個人の認識の問題です。ただ、③については、しっかりと区別できていると同時に他から見て区別できていることが判るような振る舞いも求められます。同じ時間でも「時間を使って達成しようとしている目的」に違いがあることを覚えておいて下さい。整理すると次の表のようになります。

	達成したい目標・目的	評価の主体	結果に対して影響が及ぶ範囲	結果に対して責任が及ぶ範囲
自分時間	意識する必要がない（時に明確である。多くの場合無自覚である）	自己	自己や近親者	自己や近親者
仕事時間	意識する必要がある（多くの場合定量化され明確である）	自己及び他者（取引先や上司、先輩、同僚、後輩 etc.）	自己に留まらず多くの利害関係者	自己に留まらず多くの利害関係者

　　表のように自分時間・仕事時間を整理してみると見えてくることがあります。重要なのは、評価や結果・責任の影響は自己に留まらず広く他者にも及ぶということです。改めて「他から見て"自分時間と仕事時間"を区別できていることが判るような振る舞い」が求められることを覚えておくこと、言い方を変えると「公私混同しない」ことが重要になります。そうすることで「ギリギリになること」の背景に潜む問題にも目が向けられるようになります。

2．事例を基に "いつもギリギリになる" ことについて考えてみる

いつもギリギリになることの背景に潜む問題について事例を基に確認してみて下さい。各事例において何が問題なのか書き出して下さい。

※a には自分時間か仕事時間のどちらか当てはまると思う方を記入を行って下さい。

① 勤め先の就業開始時間は 8：00 であるが、7：58 に出社したのでギリギリ間に合った。

    a.　_____時間に影響がある

    b.　本来達成したい目標/目的：_____／_____

    c.　予測される結果　　　　：_____

    d.　この行動の問題点　　　：_____

    e.　本来、果たすべき責任　：_____

② 先輩から依頼を受けた仕事を納期の 30 分前に完了し、報告した。

    a.　_____時間に影響がある

    b.　本来達成したい目標/目的：_____／_____

    c.　予測される結果　　　　：_____

    d.　この行動の問題点　　　：_____

    e.　本来、果たすべき責任　：_____

③ お客様とのアポイントの時間の 2 分前に到着。

    a.　_____時間に影響がある

    b.　本来達成したい目標/目的：_____／_____

    c.　予測される結果　　　　：_____

    d.　この行動の問題点　　　：_____

    e.　本来、果たすべき責任　：_____

④ 上司から 2 週間前に依頼された仕事について、残り期間 2 日のところで半分が未処理であることを報告した。

    a.　_____時間に影響がある

    b.　本来達成したい目標/目的：_____／_____

    c.　予測される結果　　　　：_____

    d.　この行動の問題点　　　：_____

    e.　本来、果たすべき責任　：_____

　こうして各課題について考えてみると、ギリギリになることの背景に潜む問題について理解が深まったことと思います。何よりも【周りの期待から自らの本来果たすべき責任を理解し、計画を立て、必要な行動を選択し、予定通りことを進め、経過と完了をしっかりと報告する】ことで個人へのレピュテーション（評価・評判・信頼）が積み上がります。そうした時間を1年、2年、5年、10年と重ねる（図7）ことで信用へそして信頼へと変わっていきます。それは、やがて、企業において、組織において、上司や先輩・同僚、さらには取引先からも必要不可欠な人財として重宝されることとなります。

3．エンプロイ・アビリティ/雇用されうる能力

　少し話を変えますが、エンプロイ・アビリティというキャリア領域の専門用語があります。この言葉を直訳すると「雇用されうる能力/働く上で最低限必要な能力」となります。私たちは、機械やロボットのようにどこへ行っても、どんな環境においてもスイッチ1つで動きだすわけではありません。

　ただ、雇用されて働く上ではどこへ行っても、どんな環境であっても、誰と一緒であっても「評価・評判・信頼を得る行動を選択する」ことは欠かせません。そうした意味からも、レピュテーションを積み上げる能力は、働く上で最低限必要であると考えられます。

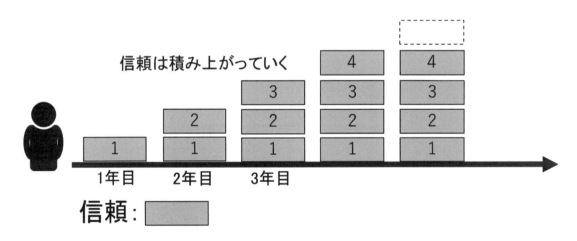

図6：信頼の積み重ね

４．取り組む職務の重要度×緊急度の関係

　ここまで時間の種類とギリギリになることの問題点について確認してきました。ここでもう１つ、時間の大切さを【取り組む職務の重要度×緊急度の関係】を通じて確認していきましょう。まず初めに、現在就いている仕事のうち10の職務を箇条書きで書き出してみて下さい。

　　例：①上司が客先を訪問する営業に同行する。
　　　　②製造に必要な資材の準備を行う。
　　　　③1日の終わりに日報を作成する。

　　日々を振り返り自身がかかわっている職務を＿＿＿へ書き出して下さい。
　　　①＿＿＿＿＿＿＿＿＿＿＿＿＿＿＿＿＿＿＿＿＿＿＿＿＿＿＿＿＿＿＿＿＿＿
　　　②＿＿＿＿＿＿＿＿＿＿＿＿＿＿＿＿＿＿＿＿＿＿＿＿＿＿＿＿＿＿＿＿＿＿
　　　③＿＿＿＿＿＿＿＿＿＿＿＿＿＿＿＿＿＿＿＿＿＿＿＿＿＿＿＿＿＿＿＿＿＿
　　　④＿＿＿＿＿＿＿＿＿＿＿＿＿＿＿＿＿＿＿＿＿＿＿＿＿＿＿＿＿＿＿＿＿＿
　　　⑤＿＿＿＿＿＿＿＿＿＿＿＿＿＿＿＿＿＿＿＿＿＿＿＿＿＿＿＿＿＿＿＿＿＿
　　　⑥＿＿＿＿＿＿＿＿＿＿＿＿＿＿＿＿＿＿＿＿＿＿＿＿＿＿＿＿＿＿＿＿＿＿
　　　⑦＿＿＿＿＿＿＿＿＿＿＿＿＿＿＿＿＿＿＿＿＿＿＿＿＿＿＿＿＿＿＿＿＿＿
　　　⑧＿＿＿＿＿＿＿＿＿＿＿＿＿＿＿＿＿＿＿＿＿＿＿＿＿＿＿＿＿＿＿＿＿＿
　　　⑨＿＿＿＿＿＿＿＿＿＿＿＿＿＿＿＿＿＿＿＿＿＿＿＿＿＿＿＿＿＿＿＿＿＿
　　　⑩＿＿＿＿＿＿＿＿＿＿＿＿＿＿＿＿＿＿＿＿＿＿＿＿＿＿＿＿＿＿＿＿＿＿

　続いて書き出した①〜⑩の職務の目的とそれぞれの優先順位を書き出すワークに移って頂きます。その前に、一度、優先順位に関しての確認を図8から行っていきましょう。

　まず初めに、P25の図7におけるA〜Dの各領域について説明します。
　　　①　A　・・・重要度が高く　　｜　　緊急度は低い
　　　②　B　・・・重要度が高く　　｜　　緊急度も高い
　　　③　C　・・・重要度が低く　　｜　　緊急度も低い
　　　④　D　・・・重要度が低く　　｜　　緊急度は高い

　こうして整理してみると、職務は重要度と緊急度の2つの視点から考えることができることが判ります。続いてA〜Dの各領域の相互の関係について考察しましょう。

A～Dの各領域における重要度と緊急度の順位は次のように整理することができます。

①重要度における相互の関係

重要度｜　高い　A ＝ B ＞ C ＝ D　低い

②緊急度における相互の関係

緊急度｜　高い　B＝D ＞ A ＝ C　低い

それでは、ここでA～Dを職務の重要度を軸にした優先順で並べてみて下さい。

（　　　　＞　　　　＞　　　　＞　　　　）

今度は、A～Dを職務の緊急度を軸にした優先順で並べてみて下さい。

（　　　　＞　　　　＞　　　　＞　　　　）

ここで具体的な行動を例に取り組む優先順を考えてみましょう。単に回答するだけではなくその理由も考えてみて下さい。図7の各領域に ab それぞれを置いて考えてみて下さい。

① 　a. 出勤時、到着がギリギリになりそうなので急いで会社に向かう。

　　b. 出勤時、到着がギリギリになりそうなのでその旨を上司に連絡する。

　　回答：優先順が高いのは（　　　　）

　　理由：＿＿＿＿＿＿＿＿＿＿＿＿＿＿＿＿＿＿＿＿＿＿＿＿＿＿＿＿＿＿＿＿

② 　a. 掃除当番として、どんな仕事よりも職場の清掃を優先して行う。

　　b. 掃除当番ではあるが、上司から緊急の手伝いとして依頼された業務を優先して行う。

　　回答：優先順が高いのは（　　　　）

　　理由：＿＿＿＿＿＿＿＿＿＿＿＿＿＿＿＿＿＿＿＿＿＿＿＿＿＿＿＿＿＿＿＿

③ 　a. 業務日報は1日の活動報告として欠かせないので何より優先して作成する。

　　b. 業務日報は1日の活動報告として欠かせないが、先輩から依頼された資料の作成
　　　業務に先に取り組む。

　　回答：優先順が高いのは（　　　　）

　　理由：＿＿＿＿＿＿＿＿＿＿＿＿＿＿＿＿＿＿＿＿＿＿＿＿＿＿＿＿＿＿＿＿

これまでの確認を通じて職務は、重要度と緊急度の 2 つの視点から考えられることが判ったと思います。一方、ここで重要なのは単に重要度と緊急度の 2 つを知ることではなく、こうした考えを基に有限資源である時間を活用して、行う日々の職務に優先順位を決めて行うことにあります。

仕事時間において行う職務が重要度と緊急度の掛け合わせにおけるどの領域に置かれるのかを決めるのは皆さん自身であることは言うまでもないですが、同時にレピュテーションを得るには、他者からの評価が重要なポイントであることを忘れてはなりません。

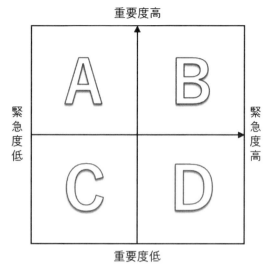

重要度高

A　B

緊急度低　緊急度高

C　D

重要度低

図7：優先順位の考え方

5．職務の優先順位を考える

　それでは、先ほど箇条書きした 10 の職務（P23）に対して職務それぞれの目的と優先順位を 1〜10 までの数字で書き出してみて下さい。※優先順位は明確な差が付けられず同じ順位になることもあります。

①の目的＿＿＿＿＿＿＿＿＿＿＿＿＿＿＿＿＿＿＿＿＿＿＿＿＿＿＿優先順位（　　）

②の目的＿＿＿＿＿＿＿＿＿＿＿＿＿＿＿＿＿＿＿＿＿＿＿＿＿＿＿優先順位（　　）

③の目的＿＿＿＿＿＿＿＿＿＿＿＿＿＿＿＿＿＿＿＿＿＿＿＿＿＿＿優先順位（　　）

④の目的＿＿＿＿＿＿＿＿＿＿＿＿＿＿＿＿＿＿＿＿＿＿＿＿＿＿＿優先順位（　　）

⑤の目的＿＿＿＿＿＿＿＿＿＿＿＿＿＿＿＿＿＿＿＿＿＿＿＿＿＿＿優先順位（　　）

⑥の目的＿＿＿＿＿＿＿＿＿＿＿＿＿＿＿＿＿＿＿＿＿＿＿＿＿＿＿優先順位（　　）

⑦の目的＿＿＿＿＿＿＿＿＿＿＿＿＿＿＿＿＿＿＿＿＿＿＿＿＿＿＿優先順位（　　）

⑧の目的＿＿＿＿＿＿＿＿＿＿＿＿＿＿＿＿＿＿＿＿＿＿＿＿＿＿＿優先順位（　　）

⑨の目的＿＿＿＿＿＿＿＿＿＿＿＿＿＿＿＿＿＿＿＿＿＿＿＿＿＿＿優先順位（　　）

⑩の目的＿＿＿＿＿＿＿＿＿＿＿＿＿＿＿＿＿＿＿＿＿＿＿＿＿＿＿優先順位（　　）

ここがポイント!!

1. 自身で優先順位に明確な差が付けられない時には、上司に相談しましょう。
2. 優先順位は、変動的な側面を持ちます。一度決めても時間経過と共に変化していくため進行は都度見直しを行うことが必要です。
3. 優先順位を決めて職務を執り行うのは自身になりますが、最終評価には他者が関係してきます。順位を決める際には、できる限り客観的な視点を持つことが必要です。

6. なぜ、いつもギリギリなのか?

プライベートで
・いつもギリギリで、余裕を持って課題を提出できたことがない
・テスト勉強は前日詰込み型、結果は平均点を下回る
・旅行に行くための準備はバタバタで、前日に買い出しに走ることが多い

仕事で
・期日のある資料への取り掛かりが遅く、いつもギリギリである
・出勤時間に間に合わないので、焦って出勤することが多い
・任された仕事への準備の時間が取れず、勢いで何とか進めている

　上に述べた例は「いつもギリギリ」「結果ギリギリ」になる理由である。ここには、それぞれの職務を作業として捉え、職務個々の納期や優先順位を考えて"取り組もうとする"のではなく、それぞれを単なる作業として単純並列で見ていて"こなそうとする"ことが原因です。

　まずは、これまで確認してきたように職務ごとの重要度と緊急度を見直して、時間を投じる優先順位を整理していくことで、"作業としてこなす"現状から脱却し、"職務として取り組む"姿勢に変えていくことができます。

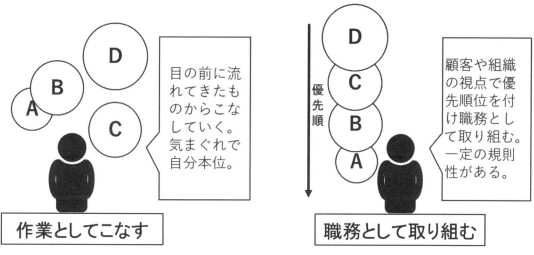

図8：作業と職務の違い

　もちろんですが、作業としてこなしている状態から職務として取り組む状態に変えることとは、単なる状態の変更でありません。これは効果や効率の向上、精度の向上、ムラや無駄の排除ひいては生産性の向上に繋がります。個人にとっては、レピュテーションの向上に繋がることは言うまでもありません。

02 記憶力を"あて"にしない

　昔から目にする、記憶力に関する問題です。次の数字を覚えて下さい。

763245925

　如何でしたか。日頃から、短期記憶のトレーニングに取り組んでいる人を除いて、多くの人が「覚える」ことに苦労したと思います。そもそも人が一度に覚えられる数には限界があり平均7個までが上限だと言われています。7個を超えると途端に覚えられなくなります。

　これを引き合いに、「だから記憶力をあてにしない」というのは結論を急ぎすぎですが、記憶がいかに曖昧なものなのかを知っておくことは重要です。

　では改めて、記憶が曖昧であることを確認するために、別の角度からの問題です。先週の第一営業日の1日をどのように過ごしたのか、下の表に時間ごとに書き出してみて下さい。また、書き方は、「職務の内容の欄には、主に就いていた職務とその概要」「特筆事項/備考の欄には、その時間の中で起きた特筆すべきこと」を書き出してみて下さい。

時間～	職務の内容	特筆事項/備考
8：00		
9：00		
10：00		
11：00		
12：00		
13：00		
14：00		
15：00		
16：00		
17：00		
18：00		

　如何でしたか。これは長期記憶を確認する問題でした。先ほどの短期記憶と同様に、とても曖昧なことが多かったのではないでしょうか。先週のことに限らず、当日の業務日報を作成する場面でも既に曖昧になっている人もいるのに、日が経てば経つほど曖昧さは増していきます。

　そうしたなか、あなたが担当した職務に関連したクレームが起きたとしたら、責任の所在をどのように説明しますか。ここまでくるとさすがに、「記憶をあてにして仕事を進めること」に対する正当性は揺らいでいることと思います。

　記録の目的は、

　✔曖昧な記憶を、時間の経過に関係なく情報の劣化もなく残すことができる
　✔後に原因の特定や責任の所在を確認する時に有効となる
　　　　　　　　　　　　　　　　　　　　　　　　　　　　　　など

があげられます。

　我々自身が、取り組んだ職務に責任を持ち、適正な評価を求めるためにも、記録することはとても重要です。方法としては、「予定を記録する手帳」「活動内容を記録する活動報告書」「報

告や連絡、相談を記録するメール」「納品を記録する納品書」「請求を記録する請求書」など、既にビジネスシーンでは職務の劣化を防ぎ、適正な評価を得るためのヒントが溢れています。

タイムマネジメントは時間をコントロールするための管理手法です。頭の中で覚えているつもりが、忘れてしまった…などということがないよう、手法を学んでしっかりと記録して行きましょう。

03 分散と集中の違いと、事前準備の重要性

早速ですが、記憶に関するワークに取り組んで下さい。

ワーク1：次の2つの枠内の数字を順に見て瞬時に記憶して下さい。どちらが記憶しやすいですか。

ワーク1

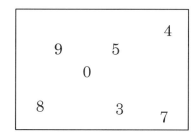

体験してみると、多くの方が左の枠内の数字は記憶しづらいと言います。ただ、枠内の数字はどちらも同じ数字を用いていて、数字の数も同じです。決定的な違いは、左枠は分散していて、右枠は整理されているということです。

■ 切り換えコスト

ここで体験して頂いたのは「切り換えコスト」です。切り換えコストとは、ある職務を行っている際に、別の職務に同時に着手することによって発生するコストのことを言います。

人が同時に取り掛かれることには限界があり、同時に取り掛かることが増えれば増えるほ

どかえって時間を要すると同時にミスにも繋がります。先ほどのワークに当てはめると、左の枠では【①数字を整理する、②記憶する】を同時に行っているため、記憶しづらくなり、結果として記憶するまでの時間を要することとなるわけです。

これを具体的な職務を例に考えてみると、次のようになります。「重要なデータの突合せを行っている最中に、電話に出ます。すると直前まで確認していたデータを忘れてしまい、最初から突合せに取り掛からなければならなくなり切り換えコストが発生。」「棚卸で数を数えている最中に、声を掛けられ別件で話し込む。すると直前まで覚えていた数字を忘れてしまい、最初から数えなおさなければならなくなり切り換えコストが発生。」

一説によると、人は特定の職務における 5%を切り換えコストで失っているともいいます。1 日 8h を所定労働時間とすると 24 分がそれに相当します。1 カ月で 20 日間労働すると、480 分。1 年間で考えると、5,760 分ものコストを払っているわけです。これを削減することで仕事の効率は随分と改善します。

では、こうした切り換えコストをなくすにはどうしたら良いのでしょうか。答えを確認する前に、2 つのワークに取り組んで下さい。シンプルですが、切り換えコストについて実体験して頂くには十分なワークです。なお、必ず取り組んだ際に要した時間を計測し記録しておいて下さい。

ワーク 2：二つの枠があります。A の枠には、数字の「1〜15」までを記入して下さい。一方 B の枠には五十音の「あ〜そ」までをそれぞれ記入して下さい。ただし、記入において守って欲しいルールが 1 つあります。それは、記入には「1」「あ」「2」「い」「3」「う」…のように A 枠→B 枠、A 枠→B 枠、A 枠→B 枠…の順に行い。ワーク 2 にかかった時間を計測して【　　秒】へ記入して下さい。

■ワーク 2 に要した時間【　　　　秒】

A	B

ワーク3：二つの枠があります。Aの枠には、数字の「1〜15」までを、Bの枠には五十音の「あ〜そ」までをそれぞれ記入して下さい。ただし、記入において守って欲しいルールが1つあります。それは、記入には「1〜15」「あ〜そ」…のような【A枠を終えてから→B枠を終える】の順に行って下さい。ワーク3にかかった時間を計測して【　秒】へ記入して下さい。

■ワーク3に要した時間【　　　　秒】

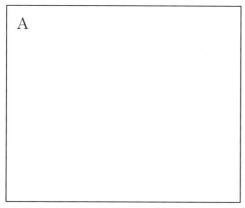

ここで体験して頂いたのも「切り換えコスト」です。先ほどのワークよりも一層明確に切り換えによるコストが発生していることを感じられたのではないでしょうか。人によってはワーク2とワーク3を比べると倍近くの時間を要したという結果も出ています。

切り換えコストに関して体験した3つのワークを振り返ってみて、何が起きていたのか確認してみましょう。

ワーク1：

人が一時的に覚えられるランダムな数字の羅列は、7つ前後までであると言われています。ただ、それは分散していない/整理されていることが前提となっています。ワーク1では、左枠では数字が分散していて、右枠では数字が整理されている状態だったことを思い出して下さい。

ワーク2・3：

また、3つ以上の作業を同時進行させると、人の作業効率は低下することも言われています。ワーク2では、【①A枠へ数字を記入、②B枠へ五十音を記入、③①②を繰り返す】を行いました。作業結果は同じですが事前に準備を整えることで、集中して職務効率を高められることがわかります。

これまでのワークを通じて、職務において「分散しないように環境を整えること、集中して

職務に取り掛かれるような準備を整えること」の重要性が確認できました。実際の職務においても「切り換えコスト」が発生している可能性を常に考え、そうしたコストをいかに抑えるかに意識を向けていきましょう。

ここがポイント!!

　自身の習慣に頼って過ごしていると、時間はどれだけあっても足りません。自分でスイッチを入れない限り私たちには時間的概念がほとんどないのです。そうしたなかで「切り換えコスト」は最も時間を無駄に使ってしまっている例の1つです。事前に仕事を整理しておく、集中する時間を明確にしておく、集中できる環境を整備しておく、目標と成果・結果を設定しておくなどによって「切り換えコスト」は抑えられることを覚えておきましょう。

04 職務は管理しないとギリギリになってしまう

　既に、人が記憶できる量の限界について確認してきました。職務は管理することで、ギリギリになることを避けられます。管理をするためには、担当職務を"自分に都合の良い単位で括る"のではなく、職務を納期に間に合わせるために、重要度・緊急度を図れるように小職務単位に分解していくことが必要になります。

　次の図9を確認すると違いが判りやすいと思います。

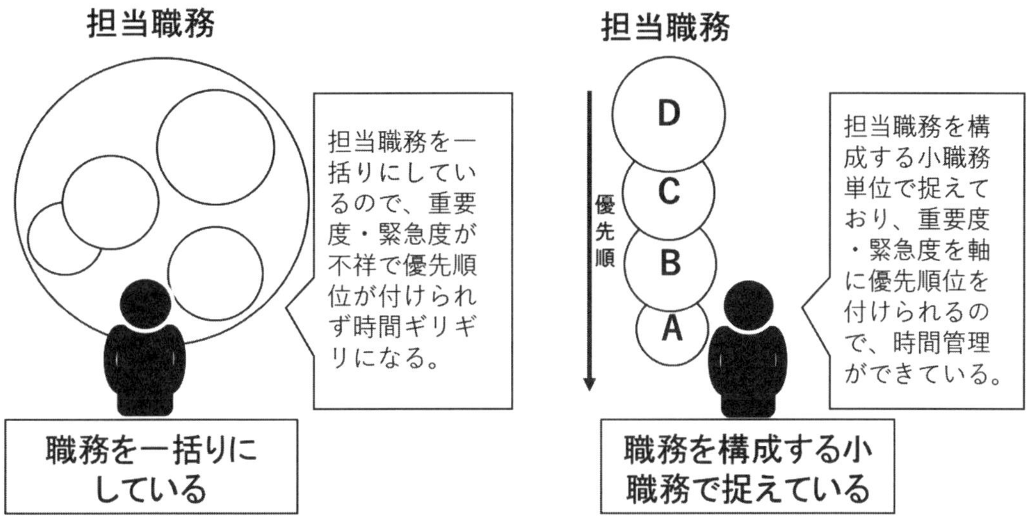

図9：重要度・緊急度を図れるように小職務単位に分解したイメージ

担当職務を一括りにしないことで、図9の右にあるように初めての作業でも、職務として担当するための優先順位を付けることができるようになることも再確認しておきましょう。

■ 職務がいつも納期ギリギリになることを防ぐための方法

次の各項目は職務において時間の無駄が発生している可能性のある状況を書き出しました。それぞれの項目を読んで、自身に当てはまる場合には、☑を入れてみましょう。終えてみて☑の数が多く、いつもギリギリで納期に追われる人は、次の①〜④の行動に取り組んでみることをお勧めします。

① 職務スペースをキレイに片付け、整理整頓する。

以下の項目を読んで、自身に当てはまる場合には☑して下さい。

☐ 2日に1回は探し物をする。

☐ 職務中、職務スペースに散在している物が視界に入る。

☐ 頻繁に使用する資料や工具が、手の届く場所にない。

② 一度、1時間でやる職務を整理して書き出してみる。

以下の項目を読んで、自身に当てはまる場合には☑して下さい。

☐ あっという間に時間が過ぎている。

☐ 気が付くと月末になっていて、月内に何をしたか具体的に書き出せない。

☐ 気が付くと納期近くになっていて、催促されるなど時間に追われている。

③ 1日の職務が終了したら、明日取り組むこと/ToDo を書き出しておく。

以下の項目を読んで、自身に当てはまる場合には☑して下さい。

□ 当日の朝、その日に取り掛かる職務の洗い出しをする。

□ 毎日、予定外の仕事に追われその日のうちにやるべきことが終えられない。

□ 当日になって、必要な材料が揃っていないことが判り、翌日に持ち越す職務がある。

④ 朝、いつもより30分早く起きて当日の職務における must をリマインドする。

以下の項目を読んで、自身に当てはまる場合には☑して下さい。

□ 会社に行くと、始業と同時に職務がバタバタと始まり、午前の時間が短く感じる。

□ 本当は午前中に終えておこうと考えていたことが、終えられず午後に先送りしている。

□ 会社に到着するのが始業時間ギリギリのため息付く間もなく職務に取り掛かる。

　職務は一括りにせず、できる限り最小単位に分け取り組んでいかないと、納期ギリギリになるのは、何も特別なことではなく一般的なことです。ただ、自身の切り換え方法を考え、習慣化していかないと"職務に追われる"負のサイクルにはまっていきます。最初の一歩は何でも良いです。職務との向き合い方を変えてみましょう。

05 スケジューリング 〜予定の立て方と管理

　タイムマネジメントにおいて、第2章ではここまで、時間をギリギリにしないための優先順位の付け方と、実際の職務における分散と集中の大切さを確認してきました。では「これで完了」とはいきません。実際には、完了までに「1時間を要する職務」「1日を要する職務」「1週間を要する職務」「1カ月を要する職務」また、「自己完結する職務」「社内の他者と完結させる職務」「社外の他者と完結させる職務」などが同時並行的に進行するのが仕事です。そこで欠かせないのがスケジューリングです。

　スケジューリングには少なくとも次の3つを把握していることが欠かせません。

①対象となる職務の内容

②対象となる職務のデッドライン

③対象となる職務の関係者

これを把握できていないまま予定を立てると、予定を進めているうちに職務同士が干渉し、予定通りに進まなくなります。いわばスケジューリングの意味がありません。では3つとは何なのか、確認をしていきましょう。

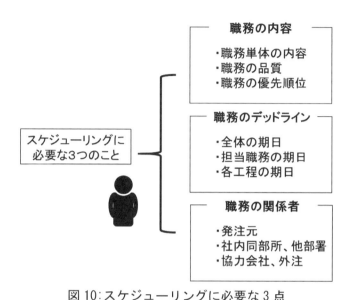

図10：スケジューリングに必要な3点

1．職務に対する捉え方の整理

最初にここで言う職務とは、仕事を構成する行動だと理解して下さい。例えば、仕事が製造に関することの場合、営業との打合せや資材の調達、外部の協力会社への指示出しが職務となります。

① 対象となる職務の内容とは

職務自体の内容と品質、そして優先順位です。特に品質は自分だけでは決められないことも多いので上司などと確認しておくことは重要です。間違った品質で仕上げても「やり直し」を命じられたら、大幅な時間をロスしたことになります。

② 対象となる職務のデッドラインとは

いつまでに職務を終えて納品しなければならないかという最終日/時間のことです。自身の担当職務が全体工程の一工程である場合、必ず全体のデッドラインも意識しておく必要があります。また、遅れたりギリギリになることがあるとレピュテーションは大幅に低下します。そのため社会では「約束を守れない人に大事な仕事を任せることはできない」となるのです。

③　対象となる職務の関係者

多くの職務は、1 人で完結することなく、社内の他者や社外の他者と連携して対応し完結します。そのため自分の予定だけでスケジュールを組むのではなく、職務に関係するメンバーを把握した上で他者の予定を予め確認しておくことが重要になります。

ここで先に書き出した 10 の職務（P23）のうち①②③の 3 職務に対して内容、デッドライン、関係者の 3 つの視点から整理してみて下さい。

①内容 _____

　　デッドライン _____

　　関係者 _____

②内容 _____

　　デッドライン _____

　　関係者 _____

③内容 _____

　　デッドライン _____

　　関係者 _____

2．実際にスケジュールを組んでみる

それでは実際に今日から2週間先までの予定を組んでみましょう。

日	月	火	水	木	金	土
/	/	/	/	/	/	/
/	/	/	/	/	/	/

スケジューリングを行う際に、2つポイントがあります。1つ目が色分けをすることです。例えば優先順位ごとにラインマーカーで赤→黄でチェックする。終わったら✓することも一目瞭然で、管理しやすくなります。また、当日どうしてもしなければならないことを、別枠でToDoとして書き出しておくと埋もれて忘れることもなくなります。

MEMO

時間の無駄をなくして生産性を上げる

2

06 セルフチェック

第2章　セルフチェック

- ☐ 同じ時間でも「時間を使って達成しようとしている目的」に違いがある。
- ☐ 評価や結果・責任の影響は自己に留まらず「他から見て区別できていることが判るような振る舞い」が求められる。
- ☐ 計画を立てて取り組み、予定通りことを進め、しっかりと完了報告することで個人へのレピュテーション（評価・評判）が積み上がる。
- ☐ 優先順位は、変動的な側面を持ちます。一度決めても時間経過と共に変化していくため進行の都度、見直しを行うことが必要。
- ☐ 「いつもギリギリ」「結果ギリギリ」これは、それぞれの職務を作業として捉え、並列で考えていることが原因。
- ☐ 職務において必要なのは「分散しないように環境を整えること、集中して職務に取り掛かれるような準備を整えること」である。
- ☐ 「切り換えコスト」が発生している可能性を常に考え、そうしたコストをいかに抑えるかに意識を向けることが大切。
- ☐ デッドラインとは、いつまでに職務を終えて納品しなければならないかという最終日/時間のこと。
- ☐ 職務は、1人で完結することなく社内外の他者と連携して対応して行い、完結させる。

第 3 章

時間管理×Tech

01 スケジューラーの活用

　第２章で時間の無駄をなくして生産性を上げるためのスケジューリングについて確認してきました。いよいよそれをコントロールしていく必要があります。

　そこで、便利なのがスケジューラーです。昨今のビジネスシーンでは、シンプルに手帳のみ、手帳とデジタルカレンダーの併用、デジタルカレンダー一本のみ、という人に分かれていました。ただスマートフォンの普及とともに圧倒的に増えているのがスケジューラー（デジタルカレンダーに機能追加したツール）の活用です。最近では他のアプリにプラグインするなど組み合わせて活用する強者も見かけるようになりました。

1．スケジューラーとは何か

　そもそもスケジューラーとは何でしょう。その名の通り、スケジュールを管理するためのソフトウェアを指します。ただ、単にカレンダーとして予定を記録していくだけではなく、機能として、個人のスケジュールを登録し記録させ、それを複数のメンバーと共有したり、時に他のメンバーの予定を更新したりもできます。また指定した時間にメッセージを表示させたり、設定によって定刻の一定時間前にリマインドしてくれたり、チャット機能が組み込まれていてメールソフトを立ち上げなくても端的なやり取りであれば完結させられ、ログを残すことが可能なものまであります。

　操作も多くのスケジューラーが PC だけではなくスマートフォン上でも可能で、外出先からアクセスできることも大きな利点です。

手帳とスケジューラーの違い

	機動性	記入自由度	情報同期	情報共有	予定の複製	リマインダー	紛失リスク	ロック	電源供給
手帳	○	○	×	×	×	×	○	×	不要
スケジューラー	○	△	○	○	○	○	△	○	必要

ネットで検索を行うと、数多くのスケジューラーがヒットします。それらは、アプリケーションとして自由にダウンロードすることが可能です。その他には、勤務先の基幹システムに組み込まれている場合もあります。それぞれに特徴が異なるので目的に合わせて選択することをお勧めします。

2．スケジューラーの活用の広がり

昨今急速にスケジューラーの活用が進んでいる背景には、オフィスのデジタル化があげられます。多くの仕事が×Tech に移行して行く中で、既存のパソコンやスマートフォンがあれば利用可能な手軽さもあり、企業単位での業務効率を目的に導入され、単なる個人のスケジュール管理に留まらず「①同じスケジュールを複製する際の手数を省力化、②情報の可視化・共有の容易化、③社内コミュニケーションの円滑化」の効果がもたらされているようです。

こうしたスケジューラーが登場するまで、社内で他社員のスケジュールの共有はホワイトボードや、紙ベースで行われていました。それと比べると、随分と便利になったと同時に時間の節約になっています。

3．オフィスにおける情報共有の移り変わり

オフィスにおいては情報共有を目的とした、様々なツールやアイデアが活用されてきました。今ではほとんど見かけなくなったものもあります。以下はその一例ですが、それぞれ確認してみましょう。

予定表

ポケットベル

PHS

携帯電話

スマートフォン

メールソフト

4．スケジュールを共有することによる新たな課題

> ① 当日になって予定を登録されて、予定していた他の活動に支障をきたした。
> ② 他人の予定を間違って消去してしまった。
> ③ 設定の間違いで全社員の予定をロックしてしまった。
> ④ システム障害によって、予定の確認が取れなくなった。
> ⑤ 秘匿すべき重要な予定を公開してしまった。
>
> など

　これは一例ですが、スケジューラーの登場で「スケジューリングがデジタル化された」ことによって、社内のリテラシーの差が浮き彫りになったり、システム障害などによって従来では考えられないような問題が発生したりしています。

　複数名で共有する場合には次のようなルールをあらかじめ決めておくことで、会議室や社用車などのダブルブッキング、意味のない私的な情報の登録などによる管理上のトラブルを避けることができます。

例 1. 入力のルールについての取り決め
　私的なことは書き込まない、無駄な情報は書き込まない、フォントや色分け、敬称の省略
　　　　　　　　　　　　　　　　　　　　　　　　　　　　　　　　　　　　　　　など
例 2. 登録する情報の管理方法についての取り決め
　不要になった情報は削除する、共有する予定についての登録期限の設定　など

ここがポイント!!

> 　ビジネスシーンにおいて「記憶に頼った仕事をしない、重要なことは記録する」ことは常識です。自分の記憶力に頼りすぎることなく、打合せた内容、指示や確認を受けたり、報告を求められた内容を即座に「いつまでに、何を、誰が、どのように etc.　」の視点でメモとして書き出せるようにしましょう。

02 職務に優先順位を付ける

1．自分本位と組織本位の違い

　第 2 章において「職務ごとの重要度と緊急度を見直すことで、時間を投じる優先順位が整理され解消されていきます。」とビジネスにおけるタイムマネジメントの基本的な考え方を伝えてきました。第 3 章では、同じくタイムマネジメントにおいて欠かせない「職務に対する考え方」を確認していきます。

　これまで、職務時間における評価の主体は、自己だけではなく他者が関係してくることを確認しました。これを時間になぞらえると、「職務が終わらないために、帰る時間が遅くなった」と同時に「私の職務が終わるのを待っているため、他の人の帰る時間が遅くなった」ということが発生します。

　ここでいう自分本位の視点は「職務が終わらないために、帰る時間が遅くなった」になります。一方、組織本位の視点は「私の職務が終わるのを待っているため、他の人の帰る時間が遅くなった」となるわけです。企業はチームプレイで成り立っています。

　各自が時間を守って職務を担うことで、お客様に安定して商品やサービスを供給することができます。そうした安定供給の積み重ねに比例してレピュテーションが積み重なり信頼関係が築かれるわけです。

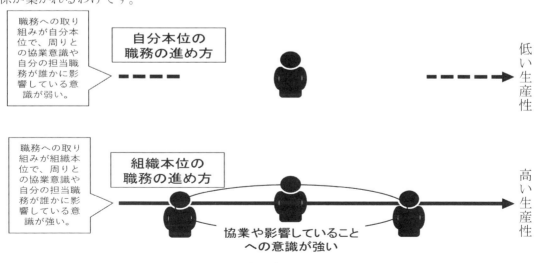

図 11：職務の進め方の違い

２．時間の最小単位は？

　「仕事時間の最小単位は？」これは、ビジネスにおける時間感覚を確認するための質問です。この問いに対して、多くのビジネスマンは「1時間」と答え、実際に1時間単位でスケジューリングしているとの答えが多く聞かれます。

　例えば、予定を立てる時、昼休憩が 12：45 で終了するなら 12：46 からミーティングの予定を組んでもよさそうですが、13：00 から設定するのが一般的です。前の予定が 10：40 で終わることが判っていても、次の予定は 11：00 からとしています。

　これには、明確なビジネスルールがあるわけではなく「1時間単位でスケジューリングする」個々の習慣を基にした感覚から成り立っています（当然ですが、打ち合わせた内容を取りまとめる時間を準備したり、インターバルを挟んだりすることで仕事の効率化を図るなどの理由がある場合を除きます）。

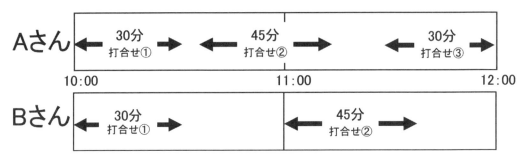

図 12：予定の組み方の違い

　上記の表を見て、A さん・B さんの違いについて考えてみて下さい。「この状態が職業人生において続くとするとどのような差が発生するのか」についても併せて考えましょう。

■ 時間は有限資源である
　時間は、有限資源です。どんぶり勘定のスケジュールを続けていくことでどれだけ時間をロ

スしているのか考えてみましょう。

　"資源はいつでも自由にあるもの"と考えるとついつい大きな枠組みで考えてしまいます。一方で"資源は限りあるもの"と考え方を変えてみることで枠組みを再構築することが可能になり、「どうしたら、時間を有効に使えるのか」「何をすることで時間を作り出せるのか」「生産性を高める方法はないのか」などの発想に繋がっていきます。

　ここで１つワークに取り組んでみて下さい。下記に時間が５分・３分・60秒と記載してあります。その隣の枠の中へ各時間内でできることを書き出してみましょう（仕事や日常生活など 書き出しやすいテーマを設定して下さい）。また、可能であれば同じ質問を周りの人に行い意見を聞いてみて下さい。そして、自身が書き出した意見と比べてみることで、時間の感覚の違いが判ると同時に、自身の時間感覚がどの程度であるかを考えられるようになります。

５分

　□

３分

　□

60秒

　□

　ここで重要になるのが、60秒です。多くの人にとって60秒という時間の単位は重視することなく日常の中に埋もれています。こうして、60秒にスポットを当ててみることで時間を有効に使った１日の働き方に繋がっていくことと思います。

■　改めて時間の最小単位は何でしょう

　「時間の最小単位は？」の問いに対するあなたの答えは見つかりましたか？実は、プロフェッショナル人材は何かを行う際の"時間の最小単位を30秒"としています。

　あるトレーナーの話によると、ミス・ユニバース・ジャパンの選考過程で行われるスピーチ

において、エントリーした者に与えられる時間は 30 秒とのことです。30 秒あれば、自分の考えていることの１つを伝えることができるということです。

30 秒スピーチに挑戦してみましょう。（30 秒間で話せることを書き出してみて下さい）

　時間が有限資源であることを改めて考え、その時間があれば何ができるのかを職場に戻ってじっくりと考えてみて下さい。そうすることで、隙間時間の活用、職務をする際の効率化、会議や打ち合わせの時間の設定と時間の短縮に意識が向くようになります。企業によっては、会議室に「会議は 30 分！その時間本当に必要ですか？」と張ってあったり、「会議室の椅子をなくして長時間会議ができないようにする」などに取り組んだりすることで、時間の最小単位に社員の意識が向くようにしている事例もあります。

３．交渉術を身につける

　「交渉術を身につけろ」と言われると、普段その立場にない方は負担に感じるかもしれません。が、ここでいう交渉とは「自分自身に対する時間の調整」のことです。実例からビジネスにおける交渉を確認してみましょう。

まずは状況として

・出勤時に付近の交差点の渋滞で待たされる。
・コピー機の順番待ちをする。
・ランチタイムで順番待ちをする。
・電車が混雑していて乗れず、次の電車を待つ。
など

交渉の内容

・出勤時間を朝 30 分早くする。
・コピーを取る職務の順番を変えて後回しにする。
・ランチタイムを 30 分早く取得する（30 分遅く取得する）。
など

時間に囚われ
ている人

時間を管理して
いる人

図 13：時間に囚われている人、管理している人

　図13は、時間に囚われている人と、時間を管理している人をイラストで表現していますが、交渉とは「自分の時間を自分で管理する」ことから始まります。囚われていてはどうすることもできません。

　こうして考えてみると、交渉すること＝「自分自身に対する時間の調整」によって、浪費していた時間を取り戻すことができることが判ると思います。こうした交渉術の積み重ねが正しい時間の使い方の習慣づけに繋がっていきます。

　P46 の例を参考に、皆さんも交渉ができる可能性のある日頃の行動を思い出して 3 つ書き出してみましょう。

① _____

② _____

③ _____

💡 ここがポイント!!

　優秀な社会人は"時間を増やして"います。言葉通りに捉えると、1 日の 24 時間をどうやって 25 時間や 26 時間に増やすのか？を示しているかのように映ります。実際ここでいう"時間を増やす"とは、交渉術のことです。いわば、自分の 24 時間のうちから自分との交渉によって、「いかにして新たに自由に使える可処分時間を創出するか」なのです。

03 チリツモ！小さなことから取り組む

　「チリも積もれば山となる」ということわざがあります。意味するところは"ひとつひとつは取るに足りない僅かなもの。でも積もり積もった暁には大きな山のようにそびえる。積み重ねを侮ってはいけない"です。

　ことわざとは、古くから言い伝えられてきた教訓です。ここにはタイムマネジメントの真髄が表現されています。

　P44の「時間の最小単位」において確認したように、1時間単位でスケジューリングすると【①昼休憩が12：45で終了するなら12：46からミーティングの予定を組んでもよさそうですが、13：00から設定する】、これによって15分がチリとなるわけです。1回だと15分、10回だと150分、100回だと1500分…と山となるわけです。また過ぎた時間は、同じ時間として取り戻すことができません。

　対策として取り組むべきは、些細なことですが、下記があげられます。
①前日に明日のToDoを作成、翌朝に1日の予定を確認する。

✓防げるチリ：

②書類をタイトルごとにファイリングしておく。

✓防げるチリ：

③打合せ後に、メモを取りまとめて整理しておく。

✓防げるチリ：

④整理・整頓・清潔に取り組み、職務スペースを片付けておく。

✓防げるチリ：

　【職務を完了し一定の成果を出す】ためには、一定の時間が必要となります。この時間を創出できる人がプロフェッショナル人材と呼ばれるのです。

MEMO

04　セルフチェック

第3章　セルフチェック

- [ ] 生産性を上げるためのスケジューリングで便利なのがスケジューラー。
- [ ] スケジューラーには、チャット機能が組み込まれ端的なやり取りであれば完結させられると同時にログを残すことも可能。
- [ ] スケジューラーは、多くの仕事が×Tech に移行し、既存のパソコンやスマートフォンがあれば利用可能な手軽さもあって活用する企業が増えている。
- [ ] スケジューラーは、複数名で共有する際にはルールをあらかじめ決めておくことで、管理上のトラブルを避けることができる。
- [ ] 企業は、各自が時間を守って職務を担うことで、お客様に安定して商品やサービスを供給することができている。
- [ ] プロフェッショナル人材にとって時間の最小単位は、1時間ではなく30秒。
- [ ] 「自分自身に対する時間の調整」を行うための交渉術を身につけることが重要。
- [ ] 自分との交渉によって、自身で自由に使える可処分時間を創出することが可能。
- [ ] 【職務を完了し一定の成果を出す】ためには、一定の時間が必要となります。この時間を創出できる人がプロフェッショナル人材と呼ばれている。

第 4 章

評価と、信用
そして信頼へ

01 時間を守れること、約束を守れること

1．時間を守ること

　ここで「時間を守ること」に関連して次の場面を考えてみて下さい。

　皆さんが、ある都合からＡ・Ｂ・Ｃの３社に発注した商品（全店同じ商品）の納期に対する各社の対応を書き出しています。共通しているのは、３社ともこちらからの問合わせに対しては丁寧に対応してくれています。一方、納期への対応は各社バラバラです。

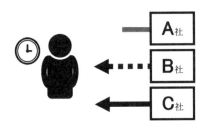

A社：依頼した商品が届かない。こちらからの問合わせには丁寧に対応してくれる。

B社：依頼した商品が遅れて届く。こちらからの問合わせには丁寧に対応してくれる。

C社：依頼した商品が期日に届く。こちらからの問合わせには丁寧に対応してくれる。

図14：納期の対応例

　各社の「納期に対して思うこと」「次回発注したいか」それぞれ記述して下さい。

①A社

納期に対して思うこと	次回発注したいか

②B社

納期に対して思うこと	次回発注したいか

③C社

納期に対して思うこと	次回発注したいか

2．納期に対する考え方

先に確認したのは組織視点における「会社の納期」についてです。一方で個人が多くの場合、日ごろ職務で向き合うのが個人視点の「自身の納期」です。図15からは、会社の納期は個人視点の「自身の納期」が守られることで、果たせるものだということが判ります。

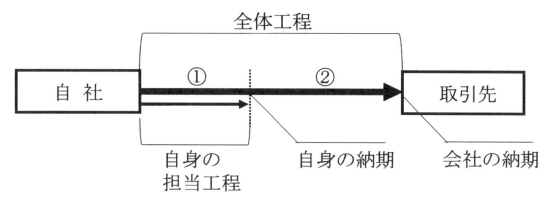

図15：納期の考え方

3．期待に対する成功達成要求と失敗回避要求

心理学の領域の話になりますが、人は他者（他社）の行動に常時何らかの期待を抱いています。期待が満たされると自身の成功達成要求が満たされます。すると、次の期待へ、また次の期待へと期待値を段階的に高めていきます。

結果、期待値が高まった状態を「信頼している」と言います。一方で期待が満たされないと失敗回避要求が高まり、次第に対象となる他者（他社）へ期待しなくなっていきます。

さらに、人は一旦下した評価を反対の評価に切り替えることはとても難しくなるのです（一旦、悪い評価を下すと、のちの良い行動までも悪く見えてしまい、反対に良い評価を下したのちは、多少の悪い行動も大目に見てしまう）。

次ページで、こうした信頼に関する有名な話をもとに「期待を満たすことの重要性」「期待を裏切ることの問題」を再確認していきましょう。

イソップ寓話「オオカミと少年」がこれを端的に示しています。

ある村のヒツジ飼いの男の子が、いたずら心から、実際は現れていないのに「オオカミだ、オオカミが来た」と大声をあげて、それに驚く村人の様子を楽しんでいました。それを何度も何度も繰り返していたある日、本当にオオカミが現れ「オオカミだ、オオカミが来た」と大声をあげましたが、何度も嘘を言う男の子を、村人は誰一人として信じようとはしませんでした。

この期待と結果に対して一定の判断を下すまでを評価と呼びます。そして人が評価の対象となるのが目に見える他者（他社）の行動です。

特にビジネスシーンにおいて重視される行動は、納期（期限やデッドラインとも呼ぶ）を守ろうとする姿勢です。納期は約束ごとであり、これを守れないと当然のように評価は下がっていきます。そして、それが常習になると「信用できない人」と評価されてしまいます。一旦「信用できない人」と思われてしまうと、何をやっても評価されないということになるのです。

4．評価から信用、そして信頼への流れ

ここで取り扱う、行動と評価さらには信頼までの流れは 職種や業界、新人なのかベテランなのかに関係なく、社会人として重要なポイントです。図16を確認しながら覚えておくようにしましょう。

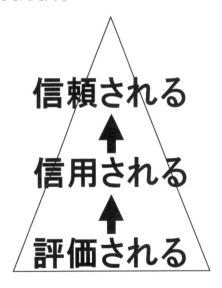

信頼される	信じられて、常に頼られること
信用される	信じられて、常に用を任されること
評価される	評するに価値のある行動を取ること

図16：評価から信頼までの流れ

図16は評価から信用、そして信頼されるに至るまでを図示したモデルです。信頼を勝ち取るには、まずは何より約束を守る/取り決めた納期を守ることが第一歩なのです。時間を守るということはそれほど大切なことなのです。

ここがポイント!!

　想像してみて下さい。働いても働いても信用されず、いつも重要な場面では期待されない自分がいたら、どう思いますか。これは絵空事ではありません。そうならないため欠かせないのが信頼です。信頼への近道は日々の時間管理を徹底し、約束を守ることなのです。

02 人間社会は信頼で繋がっている

■ 信頼とは何か？

　辞書的な解釈をすると、信頼とは「それまでの行為・業績などから、信用できると判断して至ること。また、世間が与える、そのような評価」と読み取れます。

　では、もう少し具体的な実例をもとに確認を進めて行きましょう。

　あなたが「手伝いを頼みたい、相談したい」など 誰かを頼りにしたい時、次のA さん、B さんのどちらに依頼しますか？

① A さん

公私共にだらしなく、時間もルーズで遅れたり・忘れたりすることが多い。さらには、そのことに対して反省する訳でもなく、むしろ当たり前のように感じている。

② B さん

公私共に、しっかりしている。時間は守り、どんなに忙しくてもスケジューリングを行っている。失敗やミスに対してはその非を認め、すぐさま改善に取り組んでいる。

　これは、皆さんが【何に対して信頼を感じるのか】についての確認です。特別なことではなく 当たり前のことですが、人間社会は信頼で繋がっています。

　もう一度確認すると、人に対する信頼は、相手の過去の実績や業績、あるいは立居振舞を見て、「この人に、仕事を任せても良い」「この人は、秘密を打ち明けても大丈夫」との評価を積み上げ、信用できることを確認した上で成されます。

　信頼し合うことで、人と人が互いに繋がり、一人では成し得ないことも協働することで成し遂げることができるわけです。

ここがポイント!!

　自社の大切な仕事を、自分の重要な職務を「どうして他者（他社）に任せられるのか」。これは、人間社会における根源的な問いです。その答えとなる「信頼」が重要なカギを握っているのです。

03 組織で働くこと、個人で負う責任とは

１．プロフェッショナル人材を目指す

■ プロフェッショナル人材について考えてみる

　はじめに、プロフェッショナル人材とはどんな人材のことを指すのでしょう。「〇〇な行動が取れる」のように行動を基準に書き出してみて下さい。

- ・
- ・
- ・
- ・

　単純ですが、プロフェッショナルとは、専門家・本職とも言い換えることができます。また、対義語はアマチュアで、愛好家や素人と言い換えられます。日ごろ職務に就いている自分を思い出し「プロフェッショナルかアマチュアどちらだと思うか」チェックしてみて下さい。

プロフェッショナル	どちらか☑	アマチュア
成長に向け変革に取り組んでいる		現状に妥協し変革を避けている
言い訳せず改善に取り組んでいる		言い訳が先立って、他責にする
将来に目標を置いている		過去にこだわり日々過ごしている
失敗を恐れず可能性に挑戦する		責任を避け、現状維持である
自己研鑽・訓練に努める		経験の延長にこだわっている
使命感と責任感を持っている		受身で責任を取らないでいる
改善・改良・自己変革		滞留・維持・自己中心

チェックしてみて如何でしたか。

- ✔ 思っていた以上に「自分はプロフェッショナルである」
- ✔ 思っていたよりも「自分はアマチュアである」
- ✔ 想像していた以上に厳しい　　　　　　　　など

　先にあげた以外にも、様々なことが感じられたのではないでしょうか？ただここで重要なことは、プロフェッショナルなのか、それともアマチュアなのか「合格ライン」を判断するのは皆さん自身ではなく上司や先輩、取引先だということです。「何を、いつまでに、どのような段階に仕上げたら良いのか」を明確にしておかないと、自分で良いと思って取り組んだものの、基準を間違えていた…では取り返しがつかなくなります。

■ 自分が考えている正解と他者が考える正解は異なる

　自分が考えている基準と依頼者である上司や先輩、取引先が考えている基準には必ずギャップが生じます。プロフェショナルとはこうしたギャップを埋めてから「正しい努力」をしているのです（何年経ってもプロフェッショナルになりきれない人は「誤った努力」をしている可能性があります）。

　では、依頼者とのギャップをなくす方法を確認していきましょう。

① 上司や先輩に相談する。

　あなたよりも職務に就く上での知識や経験、技術や能力を持っている上司や先輩に相談しましょう。相談することで、やるべきことを明確にして工程に漏れがないか確認する、所要時間の見積もりを行うなど、少なくとも 5W1H を明らかにすることは大切です。

② ギャップが大きい場合に改善する。

　なぜギャップが大きいのかを、その原因を具体的にしていきます。仮に依頼された職務への専門知識が足りない場合には、足りない知識を埋めるための訓練計画を組んで上司に相談することも、今後の成長に向けては必要なことになります。

③　依頼者とこちらが考えているスケジュールに差異がある。

依頼者が常に正解を持っているとは限りません。お互いに作成したスケジュールを持ち寄り、課題を洗い出し解消することで、より正確なスケジュールを組みなおす必要があります。

 ここがポイント!!

プロフェッショナル人材であるための「合格ライン」を握っているのは、上司や先輩、取引先などの依頼者です。依頼者と自身の基準の間に発生するギャップをなくすために相談などを行うことが重要なポイントになります。

2．失敗を繰り返さない

「失敗は許されません」と言われると、少し大変だと思うかもしれません。しかし、失敗は、無駄以外の何物でもありません。ただ実際、失敗を抑えることはできてもゼロにすることは不可能です。また、新しいことに取り組む際に会社から"失敗をゼロにする"などと言われてしまうと挑戦する意欲も減退していきます。

ここでいう「許されない」とは無用な失敗のことです。同じ失敗でも次に繋がる失敗であれば、必要なことだと会社も許してくれることでしょう。では、許される失敗とは何でしょう。それは次の3つです。

①対策を行っている。
　前回（前例）の失敗を基に、やり方を見直し 最善の策（計画）を立てている。

②確認を行っている。
　工程の過程で計画とのズレや問題を確認（チェック）を行い記録している。

③原因分析を行っている。
　失敗をそのままにせず、なぜ失敗したのか、何が悪かったのかを分析できている。

失敗を繰り返さないために何をしたら良いのか、何を意識したら良いのかが判ったと思います。こうした個人の積み重ねが企業の力になっていきます。

ここがポイント!!

　失敗をゼロにすることはできません。ただ「仕方ない」と開き直ることは問題外です。失敗を少しでも少なく、次の改善に活かす取り組みがあって初めて、失敗が次の成功に繋がります。

MEMO

04 セルフチェック

第4章　セルフチェック

□ 人は他者（他社）の行動に常時何らかの期待を抱いている。期待が満たされると自身の成功達成要求が満たされる。結果、期待値が高まり「信頼」へと繋がる。

□ 期待と結果に対して一定の判断を下すまでを評価と呼ぶ。そして人が評価の対象とするのが目に見える他者（他社）の行動。

□ ビジネスシーンにおいて重視される行動は、納期（期限やデッドラインとも呼ぶ）を守ろうとする姿勢。

□ 一旦「信用できない人」と思われてしまうと、その評価を覆すのは大変。

□ 信頼を勝ち取るには、まず何より約束を守る/取り決めた納期を守ることが第一。

□ 人間社会は信頼で繋がっているため、当然ですが「相手から信頼を得る」ことがとても重要。信頼し合うことで協働が成立する。

□ 日ごろの職務から自分が「プロフェッショナルかそれともアマチュアなのか」を意識して取り組むことが大切。

□ 「合格ライン」を判断するのは皆さん自身ではなく上司や先輩、取引先。

□ 無用な失敗を繰り返さないようにすること、"失敗をゼロにする"ことを目指して改善を重ねることはとても大切。

第 5 章

デッドラインを
絶対に守る

01 仕事にはデッドライン（納期・約束）がある

1．仕事にはデッドラインが（納期・約束）がある

　既に第4章において図15を用いるなどして、納期/デッドラインには触れましたがもう一度確認しておきましょう。

> 　特にビジネスシーンにおいて重視される行動は、納期（期限やデッドラインとも呼ぶ）を守ろうとする姿勢です。納期は約束ごとであり、これを守れないと当然のように評価は下がっていきます。そして、それが常習になると「信用できない人」と評価されてしまいます。一旦「信用できない人」と思われてしまうと、何をやっても評価されないということになるのです。

　第4章では、納期の表現を基に納期/デッドラインを守ることと、信用が得られることを関連付けて説明してきました。第5章では、改めて納期/デッドラインとは何か、について確認していきます。

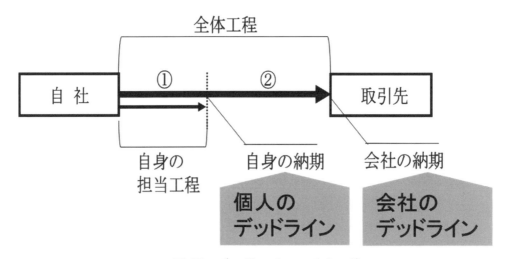

図17：デッドラインのイメージ

2．デッドラインとは何か

　始めに、納期/デッドラインは辞書的な表現では「最終的な締め切り、商品やサービスを最終的に納めなければならない期日など」とされています。では私たちが、守らなければならない納期/デッドライとは何でしょう。

　本来、デッドラインは、「監獄の周囲に引かれたライン」のことで、囚人がそれを越えると銃殺されることになっていました。文字どおり"死のライン"を意味していました。現在、私たちが呼ぶ納期/デッドラインは意味合いは変われども、守らなければならない重要なライン＝線であることは変わりません。

　一方、巷では工期の延長や納期の遅れをよく耳にします。それでも日本は電車やバスの到着時刻に代表されるように、世界的に見ても時間を守ることにかけて優秀だと言われています。

> 　シドニーのオペラハウスは工期のデッドラインを大幅に超えたことで有名です。当初は、1963 年に総工費 700 万ドル、で完成する予定でした。結果は「さらに 10 年後の 1973 年に規模を縮小して竣工し最終総工費は、1 億 200 万ドル」となりました。

　ここで重要なことは、デッドラインを超える人たちは「いい加減で、納期/デッドラインを守ることに無自覚なのか」ということです。答えはそうではありません。シドニーのオペラハウスの開発業者は「計画の途中で予測されない問題を過小に見積もった」結果だと説明しています。

　これを私たちの日常に置き換えてみると、
- ✓ 7 時に起床する予定で、6 時半に起床したが再度睡眠を延長した結果定刻に起きることができなかった。
- ✓ 待ち合わせ現地付近に 10 分早く着いたので待ち合わせの時間まで、動画を 1 本見ようと思ったがついつい複数の動画を視聴してしまい遅刻した。
- ✓ 明日取り掛かろうと仕事を先送りしたが、当日体調が優れず計画に遅れが生じた。

　では、デッドラインを守れない・守らない人とはどういった人なのでしょうか。原因も一緒に考えていきましょう。

3．なぜ、デッドラインは守られないのか

　まず、私たちは目標を立てることには慣れてますが、それを実行するための納期/デッドラインの設定はとても曖昧に行っていることが多く、結果としてラインを越えてしまっている

のです。

　イギリスの学者パーキンソンの法則では、「仕事の量は、完成のために与えられた時間を全て満たすまで膨張する」と説明しています。言い換えると、「自らが設定した目標までの間にやるべきことが横から入り、どんどん増えて…結果、余裕があったはずの時間も気づけば、ギリギリになって右往左往する」ということです。

　大切なのは、納期/デッドラインとそれまでにクリアにしておく工程と課題を基にしっかりと時間を見積もってスケジュールを組むことです。なぜなら、人は本来一つのことを一定期間集中して取り組むことが苦手だからです。

　改めて、第4章の図14で登場したA社、B社、C社の3社はともに依頼を受けた期日（納期/デッドライン）を守らないことを業の本質にしている"悪質業者"ではなかったと思われます。

　各社に差がついたのは納期/デッドラインへの取り組み方に根本的な違いがあったからと考えられます。それは何か、一緒に確認していきましょう。

４．納期／デッドラインを守るための取り組みを確認

　納期/デッドラインを守るための取り組みは次の通りです。順に確認しましょう。

①**全体のスケジュールを立てる。**
　（図18を確認しながら進めましょう。）

・依頼を受けた内容から、期待されている納期/デッドラインを確認する。
・依頼を受けた内容から、自らが担当する職務を割り出しそれぞれの難易度を確認する。
・依頼を受けた内容と、並行して取り組んでいる職務との干渉を確認する。
・他部門の他者の協力が必要な場合には、予定を確認し交渉する。
・それぞれの職務の達成に必要な工程を組んでスケジュールの大枠を決める。

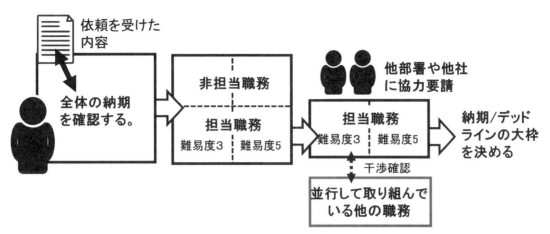

図 18：全体スケジュールのイメージ

②スケジュールの詳細を立てる。

（図 19 を確認しながら進めましょう。）

・担当職務をさらに細かな項目に分け、それぞれに要する工数を確認する。

・仕分けた職務を基にスケジュールを組む。

・立てたスケジュールに無理がないか、第三者に確認してもらう。

・個人の手帳やスケジューラーに登録する。

・納期/デッドラインから逆算して現在どの位置にいるのか、確認しながら進める。

・一旦立てたスケジュールも、定期的に確認し更新する。

・スケジュールの更新においては、自身で判断せず協力者と情報を共有して行う。

・従前のスケジュールに無理が生じた際は、リスケジュールを行う。

・リスケジュールにおいて他社/他者の協力が必要な際は、早めに要請する。

図 19：スケジュールの立て方

③気を付けたいポイント。

・余裕を持ったスケジュールを立てて、不測の事態に備える。

・依頼をしている他社/他者の期待がどこにあるのか「合格ライン」を明確にしておく。
　（スピード重視なのか品質重視なのかなど確認をしておく）

・重要度や難易度の高い内容は前倒しでどんどん進めていく。

・難易度の高い職務は、特に細かく分けて取り組んでいく。

・他部門や他者への協力要請は早めに行う。

・リスケジュールする際は、そのことを外部にも早めに通知する。

・納期/デッドラインから逆算して取り組んでいく。

　こうした①〜③を意識しながら、納期/デッドラインを守ることで、自身が職務へ取り組む際の姿勢が洗練されると同時に、周りからの信頼を高めることにも繋がります。

ここがポイント!!

　仕事には必ず納期/デッドラインが存在します。それは、個人による勝手気ままな取り組みではなく組織に属していることにより欠かせない協働や連携と共に、企業価値や信頼を高めるためにも重要なことです。ただ、目標を定めれば自然に守れることではなく、納期/デッドラインの持つ意味、そしてどのようにそれは達成されるのかを知った上で具体的な行動に置き換えていくことが求められます。

02 企業から見た社員の損益分岐ライン

1．損益分岐ラインとは

　管理会計で使われる損益分岐点は、図20のように売上高と費用の関係が等しくなることによって損益がプラスでもなくマイナスでもない状態のことです。この時点では実質的な売上高はゼロとなります。損益分岐点からプラスに転じた部分が企業にとって利益となるわけです。

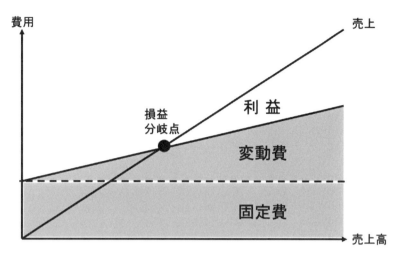

図 20：損益分岐点

2．社員に対する損益分岐ラインとは

　変わって、社員に対する「損益分岐ライン」とは何でしょう。最初に、社員に対して企業からは給与が支払われます。多くの企業において、まず、社員個々が企業に在籍した期間に比例して高まっていくであろう能力とその結果、発することができるパフォーマンスによって企業に還元される成果を理論的な期待値＝貢献度として設定します。続いて、それを責任の大きさと職位に応じた等級に置き換えて支払う額を最終決定しています。当然、全ての社員が「在籍した期間に比例して能力が高まる」わけではないため、期待値＝貢献度（言い換えると損益分岐ライン）を超えられない社員も出てきます。その調整のために評価があるのです。

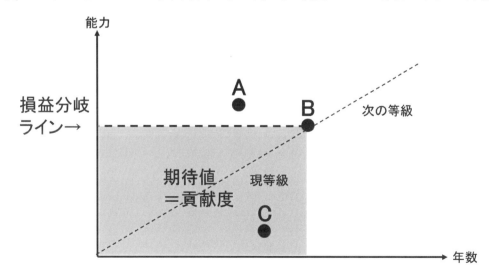

図 21：損益分岐ラインのイメージ

　改めて、図21を確認すると、社員が一定年数を超えると「理論的期待値＝貢献度」を満たし、"支払っている給与を超える成果を企業に還元してくれるであろう"と考えているわけです。すると、損益分岐ラインが設定されるわけです。

　図21ではA・B・Cの3人をモデルとして提示しています。
　整理してみると次のようになります。

　　・利益をもたらしている社員　　…　A
　　・損益分岐ラインの社員　　　　…　B
　　・利益をもたらしていない社員　…　C

　ここまで確認してきた損益分岐ラインの考え方はマネジメント層が、部下とのかかわりにおいて特に意識するものであり、一般社員が注視することでありません。ただ、企業からの、上司や先輩からの期待や信頼を得ようと思うとA・B・Cのどこを目指したらよいのかは解ると思います。

　損益分岐ラインを超えて役に立つ社員＝プロフェッショナルになるとは、「定められた時間内でタイムマネジメントを意識した職務に取り組む」ということです。それは、これまで確認してきた項目に実直に取り組んでいくことなのです。

　　✓　時間の大切さを知ること
　　✓　時間の無駄をなくして生産性を上げること
　　✓　時間管理×Tech に取り組むこと
　　✓　評価と、信用そして信頼を得られる自分になること
　　✓　デッドラインを絶対に守ること

　各章をもう一度振り返って、重要事項を書き出してみましょう。

✓　時間の大切さを知ること

✓　時間の無駄をなくして生産性を上げること

✓ 時間管理×Tech に取り組むこと

✓ 評価と、信用そして信頼へ自分を向けること

✓ デッドラインを絶対に守ること

ここがポイント!!

　企業の視点を補うことで、自身がプロフェッショナルとして取り組んで行く際の考え方を確認することができます。社員個人として、損益分岐ラインを意識して行動することが欠かせません。

03 自分の仕事の GOAL ラインを明確にしておく

　皆さん、今の仕事の GOAL は定まっていますか。ある職務を思い出し、その GOAL は何であったか思い出して書き出してみて下さい（P23 で書き出した職務を参照して下さい）。

職務の内容：＿＿＿＿＿＿＿＿＿＿＿＿＿＿＿＿＿

GOAL

　ここでいう GOAL とは、作業手順や具体的な作業、また上司の評価や会社の経営理念とも異なります。例えば「会議資料配布と準備」が職務だったとします。ここで「出力するデータを上司から入手する」「参加人数を確認する」「綴り方や、配布の様式を確認する」「会議を確認して、会議開催を準備する」というのは行動です。

　では、GOAL は何かというと「〇時までに、社内における会議の参加者が、会議室において円滑な議論を行えるよう、資料配布できる状態にする」ことになります。

　GOAL は明確でなければなりません。ここでは明確にするために 5W1H を用いています。順に確認していきましょう。

　・When　：いつ　　　…〇時までに

　・Who　：誰が　　　…会議の参加者が

　・What　：何を　　　…議論を

　・Where：どこで　　…社内の会議室で

　・Why　：なぜ　　　…円滑に行うために

　・How　：どのように…資料配布できる状態にする

　如何でしょうか。もう一度冒頭の問いに戻って、職務の内容を整理してみて下さい。明確にするために 5W1H を用いてみると、自身の中でハッキリしない項目が出てくる時があります。

　それは、「自身が日ごろから見落としがちな項目」であったり「自身が日ごろから意識できていない項目」であったりします。端的に言ってしまうと、GOAL が設定できていない職務は作業になっている可能があります。

1.　覚えておくと便利なビジネスで使えるフレームワーク

　こうしたフレームワークを覚えておいて状況に応じて使い分けることができると、何より状況が客観的に整理され、自身の考えていることを整理することができます。また、相手にとって判りやすい資料を作成することができます。

フレームワーク	解説	主な活用シーン
PDCA	Plan（計画）、Do（実行）、Check（評価）、Action（改善）から構成されています。	業務やプロジェクト管理に使われることが多く、PDCAサイクルとも呼ばれ、常に回し続けることが重要です。
5W1H	What（何を）、When（いつ）、Who（誰が）、Where（どこで）、Why（なぜ）、How（どのように）から構成されています。状況に応じて並べ替えたり、使わない語が発生したりします。	伝わるコミュニケーションの基本で、報連相における必須要件です。状況に応じて並べ替えたり、使わない語が発生したりします。
AISAS	Attention（注意）、Interest（興味、関心）、Search（探索）、Action（行動）、Shere（共有）から構成されます。	宣伝広告における消費者の購買決定における心理プロセスを表しています。
PREP	Point（結論）、Reason（理由）、Example（事例）、Point（結論）から構成されます。	相手に伝わるプレゼンテーション／説明を行う際に用います。
SDS	Summary（概要）、Details（詳細）、Summary（要約）から構成されます。	目的はPREPと似ていますが、より端的に伝える際に用いられます。

2. 作業と職務の違い

　作業と職務は、言葉の違いではなく「同じ依頼に対する取り組み姿勢の違い」を表現する際の両極として用いられます。日ごろの自分を思い出し「作業として取り組んでいる or 職務として取り組んでいる」かをチェックしてみてください。

作　業	どちらか☑		職　務
単独で取り組んでいる			他者と協働で取り組んでいる
成果物以上の価値はない			何らかの価値を産出している
材料を作る上で役に立つ			誰かの役に立ち重要である
マニュアル通りに終えればよい			考えて取り組むことで差が出る
誰にでもできる、誰でもよい			私ができることを期待されている
他の人と報連相は不要			他の人と報連相が重要
指示に従属、結果には責任がない			主体的、常に改善を目指す

　チェックしてみて結果はいかがでしたか？もちろん信頼に繋がるのは「職務」の方になります。能力の面からも、「職務」として務めた方が何十倍も成長する可能性があります。GOALラインの設定ができない場合は、依頼に対する自身の取り組みが作業になっている可能があります。そうした場合は職務への切り替えを意識的に行っていく必要があります。

3．なぜ GOAL を明確にするのか

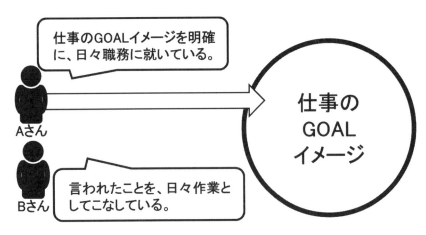

図 22：仕事のＧＯＡＬ

　では、なぜ GOAL ラインを明確にしなければならないのでしょう？先に、日ごろの職務を 5W1H で整理しみると、自身の中でハッキリしない項目があり、それが、「自身が日ごろから見落としがちな項目」であったり「自身が日ごろから意識できていない項目」であることを述べました。

　では、この「自身が日ごろから見落としがちな項目」や「自身が日ごろから意識できていない項目」は放置しておいて自然に補うことができるでしょうか？もちろんこれは自然に補えるものではありません。重要なのは GOAL ラインを明確にする過程で行う上司や同僚、時に発注元となる取引先との 5W1H の不祥な項目を確認するためのコミュニケーションなのです。

　このコミュニケーションを GOAL ライン確認のために行うことで

> ✓ 思い込みによる「独りよがり」な職務が防げる
>
> ✓ 「判ったつもり」がなくなり協業ができる
>
> ✓ 自己評価を軸にして「頑張っている」という言い訳をしなくて済む
>
> ✓ 失敗の責任を独りで取ることがなくなっていく
>
> ✓ 「合格ライン」が明確になり職務の精度が上がる
>
> ✓ 周りとのコミュニケーションが円滑になりタイムリーな指示・指導が得られる
>
> ✓ やるべき職務と工程が明確になりスケジュールが組みやすくなる
>
> 　　　　　　　　　　　　　　　　　　　　　　　　　　　　　　　など

以上のような効果が期待できます。

４．デッドラインを死守するための心構え

- ☐ 「少しぐらいなら遅れてもいい」と思わない。
- ☐ 判っていないことを判ったような振りをしない。
- ☐ 個人の納期を設定して職務に取り掛かる。
- ☐ 重要な職務は後回しにしない。
- ☐ デッドラインまでの残り日数・時間を意識して職務に取り掛かる。
- ☐ 個人の合格ラインではなく、会社や取引先が定めた合格ラインを目指す。

こうした心構えを基に、自らの心の中に常にデッドラインを意識して、担当職務に当たることが重要です。

これらは全てタイムマネジメントに関連する事項です。時間は有限資源で、新入社員から会社を代表する社長まで誰しもが等しく１日24時間のサイクルで生きています。そして１日に職務に向けられる時間も有限なのです。

行ったことに対して「評価を得たい/認められたい」と思うなら、タイムマネジメントは欠かせません。このタイムマネジメントを知っているか、知らないか。知っていて実行するか、しないか。この差は社会人として5年、10年、15年、20年と時間を重ねるほどに大きくなります。

本日学んだことを基に、さっそく明日から１つでも実践に移していって下さい。

MEMO

04　セルフチェック

第5章　セルフチェック

□　仕事には納期/デッドラインがある。

□　納期/デッドラインは約束ごとであり、これを守れないと評価は下がっていく。そして、それが常習になると「信用できない人」と評価されてしまう。

□　納期/デッドラインを守るための取り組みは、「①全体のスケジュールを立てる。②スケジュールの詳細を立てる。」の２点。

□　社員個人として、損益分岐ラインを意識して行動することが欠かせない。

□　GOAL ラインの設定ができない場合は、依頼に対する自身の取り組みが作業になっている可能がある。その場合は職務への切り替えを意識的に行っていく必要がある。

□　GOAL ラインを明確にする過程で重要なのは、上司や同僚、時に発注元となる取引先との 5W1H の不祥な項目を確認するためのコミュニケーション。

□　「タイムマネジメント」に関して学んだことを基に、さっそく明日から１つでも実践に移していくことが、評価・信用され信頼を勝ち取る近道。

著者紹介

中村　英泰（なかむら　ひでやす）
　株式会社中部キャリアコンサルティング普及協会　代表取締役
　プロティアン研究会　創設管理者｜大学非常勤講師
　1976 年 愛知県生まれ。人材サービス業界において 15 年間、1000 社を超える中小製造業の
　人的マネジメントにかかわる過程で、組織における人的資源活性化に必要性を感じて独立
　起業。現在、社員面談や組織のキャリア開発、キャリア制度を構築する過程を通じた「役
　に立つことが実感できる職場風土づくり」を必要とする中小企業の顧問やアドバイザーを
　つとめる。また、年 100 回に及ぶ研修や講演で活躍。

職業訓練法人Ｈ＆Ａ　タイムマネジメント

2021年4月1日　　初 版 発 行
2023年4月1日　　第三刷発行

著 者　中村　英泰

発行所　　職業訓練法人Ｈ＆Ａ
　　　　　〒472-0023 愛知県知立市西町妻向14-1
　　　　　　　TEL 0566（70）7766
　　　　　　　FAX 0566（70）7765

発 売　　株式会社　三恵社
　　　　　〒462-0056 愛知県名古屋市北区中丸町2-24-1
　　　　　　　TEL 052（915）5211
　　　　　　　FAX 052（915）5019
　　　　　　　URL http://www.sankeisha.com